하슬라 연가

하슬라 연가

인쇄일 : 2025년 6월 16일
발행일 : 2025년 6월 20일

지은이 : 양병우
펴낸이 : 홍명수

펴낸곳 : 성원인쇄문화사
출판등록 : 강릉2007-5
주소 : 강원특별자치도 강릉시 성덕포남로 188
　　　대표전화 (033)652-6375
　　　팩스 (033)651-1228
이 메 일 : 6526375@naver.com
ISBN : 979-11-92224-53-4

- 저작권법에 의해 보호받는 저작물이므로 저자와 출판사의 동의 없이
  내용의 일부를 인용하거나 발췌하는 것을 금합니다.
- 파손된 책은 구입처에서 교환해 드립니다.

하슬라 연가

양병우 제4시집

성원인쇄문화사

시인의 말

사물을 아름답게 보는 것
그것도 훈련이 필요하다

작은 것 하나하나를
곱게 볼 수 있어야 한다
그래야만
세상이 아름다워지고
비로소 자신도 행복해진다

하슬라에서
나는 행복하다
보는 것이 모두 아름답고
들리는 소리는 음악이다

이 아름다운 세상
청정한 하늘과
비췻빛 바다가 있는 이곳에서
살고 있다는 것이
나에게는 과분한 보상이다

단순하고
소박한 마음으로
선량한 시민이 되리라

나는
동풍(東風)을 기다리며
밀려오는 파도를 만나기 위해
오늘도 바다로 간다

2025년 5월의 찬란한 날에
旻鈺 양 병 우

차 례

시인의 말

1부 | 하슬라 연가

대관령의 봄 · 12
봄은 바람타고 오네 · 14
보현사에서 · 15
시의 고향 · 16
여름 대관령 · 18
시인(詩人) · 19
가을 대관령 · 20
대관령 상고대 · 21
대관령에 오르며 · 22
하슬라 연가 · 24
강릉 가는 길 · 26
강릉 살기 · 28
월화교에서 · 30
강릉행 · 32
남대천 산책로를 걷는다 · 34
솔향수목원 나목(裸木) · 35
2022 강릉 · 36
겨울 남대천에서 · 38
나를 위한 시간 · 40

차 례

2부 | 동해에서

동해에서 · 44
바다 · 46
겨울바다 · 47
12월 · 48
등명해변의 봄 · 50
경포해수욕장에서 · 52
송정해변을 걸으며 · 54
바닷가 명상 · 56
헌화로에서 · 58
무위자연(無爲自然) · 60
사진찍기 · 62
아름답게 살아가기 · 63
죽도봉에 올라 · 64
가보지 못한 길 · 65
바람이 분다 · 66
광야에 서다 · 67
푸르른 날에 · 68

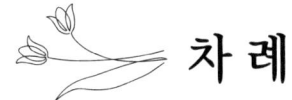 차 례

3부 | 강릉의 향기

경포대의 봄 · 70

경포 호수에 내리는 눈 · 71

난설헌 생가에서 · 72

달빛 비치는 강가에서 · 74

소금강 · 76

솔숲에서 · 77

꽃눈처럼 · 78

강릉 첫눈 내리는 밤 · 79

아름다운 아침 · 80

그리움 · 82

개나리꽃 · 83

봄눈 1 · 84

봄눈 2 · 85

살다보니 · 86

평온한 세상살기 · 87

차 례

4부 | 작은 행복

행복의 조건 · 90
세월 · 91
하루 · 92
오늘 · 94
행복한 사람 · 96
겨울이 오면 · 98
미끼 · 99
사필귀정 · 100
따뜻한 사람 · 102
잔소리 · 104
어른 · 106
독감 · 108
시(詩)라는 것에 대하여 · 110
침묵해야할 이유 · 111
철들면 죽는다 · 112
가을은 갔네 · 113
말벌주 · 114
시(詩) · 116
일장춘몽 · 117
생각 · 118
사진 · 120

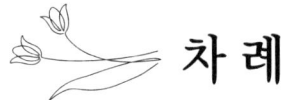

5부 | 산다는 것은

고작 일흔살 · 122
나목(裸木)이 된 사람 · 124
겨울나무 · 125
좋아하는 일의 의미 · 126
정말 일흔일까 · 127
건망증 · 128
철드는 남자 · 130
우중산행(雨中山行) · 131
그 겨울의 추억 · 132
갈매기야 · 134
바람좋은 날에는 · 135
떠나고 싶을 때면 · 136
어린 날의 추억 · 138
설산(雪山에) 올라 · 140
가난한 마음 · 141
목련꽃 지는 날 · 142
나의 낙원 · 143
미련한 시인 · 144
행복한 시 · 146
새로운 출발선에서 · 147

제1부

하슬라 연가

대관령의 봄

강릉 남대천
월화교를 지나면서 보면
눈 쌓인 대관령이 다가온다
참 아름답다
몽블랑에도 융프라우에도
뒤지지 않을만한 설산의 자태다

대관령은 아직 겨울이다
고개에 걸린 양떼구름에
봄빛이 완연한데
미련을 버리지 못한 겨울은
폭설의 추억을 되새기고 있다

대관령의 계곡 따라
마실 나온 찬바람이
산자락을 내려오다
곱게 피어난 봄꽃을 시샘하며
이리저리 흔들다
제풀에 지쳐 자아를 잃는다

4월이 눈앞인데
햇살이 온 산에 퍼져도
겨울이 똬리를 틀고 있어
대관령의 봄은
해마다 천천히 온다

봄은 바람타고 오네

봄은
바람을 타고 오네

멀고 먼 남쪽에서
매화꽃 무늬 수놓은
커다란 양탄자를 타고
향기를 뿌리며 오네

바람은
겨우내 앙상하게 비루해진
개나리 가지를 흔들며
남대천 물길을 따라 오르네

봄이 오면
나도
그 바람을 같이 타고
대관령에 오르고 싶네

보현사에서

나무아미타불
염불소리 들린다

잔설녹아 흐르는
계곡 봄물이
반야심경을 읊는다

색즉시공
공즉시색
아제아제 바라아제

듣자하니
세상일이
뜻대로 되는 것 없으니
욕심을 부리지 말라네

잠시 귀 기울이니
근심도 걱정도 사라지고
평화가 가득하다

詩의 고향

강릉은
詩의 고향이다

경포 바닷가에 가도
사천 항구에서도
대관령 옛길을 오르고 내려올 때도
시어(詩語)들이 반겨 맞아준다

아침에 불어오는
청량한 바람 같이
시어들이 줄지어 떠오르면
신선한 강릉의 향기를 호흡한다

사람들의 미소를 보며
따스한 인정을 느끼며
낭만이 흐르는
아름다운 해변에서 영감을 얻고
詩를 지으면 하루가 즐겁다

어디가나
꿈이 있고 사랑이 있고
살아가는 이야기가 있는 곳

강릉은
詩의 고향이다

여름 대관령

겨울이었다가
봄은 어디가고
바로 여름이다

대관령에서는
여름에야
봄바람이 분다

초록물이
배어날 것 같은
짙은 녹음에 들면

그때는
봄바람이 아니라
가을바람이 분다

시인(詩人)

대관령 옛길 올라갈 때
꾸불꾸불
고갯길 숨이 차오를 때

저 꼭대기
큰 바람개비 돌아가니
詩 한줄 같이 돌아간다

사방에
햇살이 사랑을 퍼부어
원치 않는 애정공세에
슬슬 지쳐갈 무렵

솔방울 하나
툭 떨어지는 소리에
먼저 詩를 생각하니
헛웃음이 난다

에이
지가 꼴에 시인이라고
이 무더운 날에
추운겨울 솔방울 따던
어린 시절을 생각하네

가을 대관령

평온함이
천지를 가득 채운
가을의 대관령

낙엽이 떠내려가는
맑은 계곡물은
즐겁게 노래 부르며
이 산골짝을 떠나가네

아무런 생각도 하지 않고
고개 들어
하늘로 솟아오른 나무 끝을
올려보는 것 만 으로도
위안이 되는 시간

살랑이는 단풍잎
얼굴을 스치는 시원한 바람
열반에 이르는 길
그 평안을 여기에서 찾네

대관령 상고대

대관령 상고대는
오랜 가슴앓이가
서럽게 피어난 것

외로움에 흘린 눈물
밤을 새워
나무 서리로 피어나고

찬란한 고뇌와
슬픔들이 엉키어
서리꽃이 되었구나

얼마나 고운가
찬바람에 떨며 피워낸
겨울 꽃 상고대

대관령을 오르며

오늘 아침
밥 한 끼를 먹었으니
내 인생의 밥 한 그릇이 줄었다

생각하면 한 끼 한 끼의 밥이
얼마나 소중한 것인가
그 밥을 먹고
하루를 보람 있게 보냈는지
밥값을 하고 살았는가를 따져봐야 한다

그것은 인생의 남은 시간을 생각하게 하고
나를 바로 세울 수 있는 이유가 되기도 한다

머리로 생각하는 것
바로 마음에 울림이 되어야 한다
생각을 바꾸면 남은 인생이 달라진다

요즘은 바삐 돌아가는 시대
도심에서는 깊은 생각을 할 틈이 없다
하지만 산에 오르면
깊이 생각할 수 있는 여유가 생긴다

이루지 못한 꿈들도
솔숲 지나는 바람에 날리고
버리고 또 비우리라 생각하며
물처럼 살겠다고 다짐해본다

대관령을 오르며
깊은 사유에 드는 것
그것이 남은 밥그릇 숫자가 줄어도
아깝지 않게 사는 방법이다

하슬라 연가

하슬라
전생의 고향이었던 것일까

그 옛날
하슬라에 살던
순박하고 부지런한
선량한 사람들이
대굴령 자락에서 농사를 짓고
경포나 사천 바닷가에서
고기잡이를 하였겠지
나도 그중의 한 사람이었고

사실
아무런 연고도 없었는데
몇 차례 여행한 곳일 뿐인데
머물다 떠나면
다시 돌아가고 싶고
늘 향수에 젖게 하는 곳 이었다

그래서일까
남도에 살면서
강릉앓이가 심해져
절절한 그리움으로
꿈속에서

강릉으로 가는 배를 타고
노를 저어야 했다

꿈은 이루어지고
생각을 바꾸면
인생이 바뀌는 것

하슬라가
바로 제2의 고향이니
나 귀향하리라
이곳에 살면서 마음이 편안해졌다

아름다운 곳 하슬라
끝없이 푸르른 동해의 수평선
한없이 밀려오는 하얀 파도에
가슴을 깨끗하게 씻어내는 곳

찬란한 일출을
마음대로 볼 수 있는 해변
솔숲의 푸르름이 하늘에 닿아
내 전생의 신비가 스며든다

나는 그 곳을 사랑하여
하슬라에서 산다

강릉 가는 길

코로나 19
그 암울한 시절
너 나 없이 얼굴을 가리고
사람들의 접근을 피하며
숨죽이며 살았지요

사회적 거리두기로
자식들까지 멀리하며
우리가 아닌 나로 살고
멀리갈 수도 없는 세월

우리들 인생의 황금기
창살 없는 감옥살이를
풀려나기만을 소망하며
허무하게 보냈습니다

이제
강릉에 갑니다

코로나와 함께 살아야하는
엔데믹의 시대
움추렸던 가슴을 펴고
솔향 가득한 곳

내 삶을 꽃 피울 곳
다시 강릉으로 가는 길
마냥 행복 합니다

강릉살기

강릉에 살기 5년
죽도봉에 자주 올라
동해를 바라보았다

끝없이 펼쳐진 바다
언제나 푸르기만 하고
한없이 잔잔하다가
때로 거칠게 요동치며
하얗게 밀려오는
파도를 볼 때 마다
나는 가슴이 설레었다

낭만을
잊고 살았던 내가
무거운 침묵을 벗어던지고
잃어버린 시간의 참모습을 찾았다

강릉에서
나는 자신에게 친절하고
무척이나 자비로워졌다

아름다운 곳
다정한 사람들
강릉은
내가 살아야 할 곳이다

월화교에서

아메리카노 커피 한잔 들고
월화교를 천천히 건너다
잠시 난간에 기대어
커피를 마신다

남대천 흐르는 물
윤슬이 유난히 눈부시고
바람마저 시원하게 느껴지는
초겨울의 어느 날

아!
아름다운 세상이다
하늘은 맑고
멀리 대관령 그 위로 보이는
풍력발전기가 그림 같다

행복하다
여기에 서 있고 볼 수 있음이
아름다움을 느낄 수 있는
여유로움이 있어서

감사하다
나는 부족함이 없구나
커피한잔에도
이토록 행복해질 수 있으니

강릉행

누구라도
저 살던 곳 떠나는데
서운함 없으랴
하물며
인연 없는 곳으로 가는데
두려움인들 없으랴

평생 소망이던 전원주택
마당은 잔디 깔린 작은 운동장
울타리엔 진달래 철쭉들 둘러 심고
사철 달리 피어나는 꽃들 가꾸며
하늘 올려보고 기꺼워했지만

넓은 정원에
채소보다 꽃을 심는다고
잔소리하는 주변 노인들
부지깽이도 한몫해야 한다는 농번기에
한가롭게 노는 꼴 아니꼬워서
눈 흘기는 동네 농부들

무시로 풍겨오는 거름냄새에
예민한 후각으로 짜증이 심해져

도시에 살기를 갈망하는
아내의 끊임없는 구박에도 지치고

나의 파라다이스가
농촌의 향기에 찌들다가
와르르 허물어졌다

그렇다면
우리가
살고 싶었던 곳이 어디던가
산 좋고 바다 좋은 곳
강릉이다

그래
강릉으로 가자
마음먹으니
이렇게 쉬운 걸

드디어
강릉시민이 되었다
나에게 평화가 찾아왔다

남대천 산책로를 걷는다

걸을 수 있다는 것은
행복한 일이다

스스로 발 옮겨
제방 길을 걷고
다리를 건너고
언덕길을 오를 수 있으니
참으로 감사한 일이다

천천히
주변 풍경을 보고
길가에 피어있는
이름 모를 풀꽃도 눈 여겨 보고

하늘에 떠가는 구름도 보고
남대천에 노니는 철새들도 보며
지나는 사람과 인사도 나누니
강릉에 사는 기쁨이다

걷는 것을 고생이라
생각하던 시절이 있었지만
걸을 수 있을 때가 인생이다

그래서 나는
오늘도 남대천 제방을 걷는다

솔향 수목원 나목(裸木)

잎이 진다고
서러워 마세요
새봄이 오면
다시 돋아 나오겠지요

소슬바람에
우수수 떨어지는 잎새를 보면
까닭 모를 설움이
가슴에 차올라 눈물이 나요

외로워 보이지만
울창했던 시절
그 청춘을 기억 합니다

자꾸만 돌아보면
가지마다 매달린 회한
하지만 그 때에는
사랑했었기에 행복 합니다

2022 강릉

암울했던 코로나의
참으로 긴 터널을 빠져 나왔네

3년 동안
봄이 없던 세월
사람이 사람을 경계하며
얼굴을 가리고 숨죽여 살았네

강릉살기 첫해
첫봄부터 겨울까지
에메랄드 빛 바다와
녹음 짙은 솔숲
피미지 *
강릉은 행복이다

이제는
나를 위로해야지
오랜 방역의 피로를 풀고
낭만이 넘치는 강릉에서
사랑에 빠져보려네

* 피미지 : 미세먼지 피해가는 지역

겨울 남대천에서

겨울 남대천변에 서서
바람에 흔들리는
헐벗은 억새를 보며
푸르렀던 여름을 기억한다

녹색물이
온몸에 스며들었던 그 시절을
사랑으로 채우지 못하였음을
재삼 아쉬워하며
문득 아름다움에 대해 생각한다

사연 없는 사람 어디 있으며
아픔 없는 사람 또한 어디 있으랴
외로움도 슬픔도
모두가 살아 있음에 느끼는 감정이리니

시린 바람 부는 이 계절에
여기 남대천에 서서
잊고 있었던 고귀한 일을
떠올리며 후회한다

마음의 눈으로 세상을 보면
모두가 아름다운 것을
내가 지닌 것만으로도
충분히 행복하다는 것을 새긴다

하느님께 감사하며
남대천 제방을 겸손한 마음으로 걷는다

나를 위한 시간

이제야
나를 알고자 한다

오랜 세월
나를 위하기보다는
남을 위한 일
또 사회의 안정을 위해
반평생을 바쳐 일했다

나를 알 필요 없이
타인의 평가
또 세상의 변화에
민감하게 반응해야 하는 일 때문에
늘 불안하고 힘이 들었다

돌아보면
깊은 고뇌와 고통이 점철된 세월
일일이 열거하기도 어려운
수많은 사건과 사고 속에 묻혀버린 나

이제 강릉에서
나를 찾으려 한다
나를 더 알아야 한다

나를 위한 시간이다
내가 좋아하고 잘 할 수 있는 일
내가 하면서 힘을 얻는 일
그래서 행복해지는
나에게 기쁨을 주는 일을 하겠다

제2부

동해에서

동해에서

초겨울
강릉의 어느 언덕에서
동해를 바라보고 섰습니다

아득한 수평선
하얗게 밀려오는 파도들
저 멀리 지나가는
작은 배하나 있어
문득 그 배에 실려
푸른섬으로 떠나고 싶어집니다

황량한 계절
슬픈 사람들과의 추억
힘겨운 삶에 지쳤을 때
정성을 다하지 못하고
한 사람을 보낸 죄책감에
가슴에 한기가 맴돕니다

작은 배는
시야에서 사라지고
슬픔도 잦아들 무렵이면
정다운 사람의 온기가 아쉬워
그저 푸르기만 한
동해에서 눈을 돌립니다

바다

유구한 세월
끝없이 밀려오고 부서지는
파도를 보는 것 만 으로도
나는 자유를 느끼네

바다를 건너
작은 섬에서 살았으면 하는
이루지 못할 생각을 하면서
산란한 마음을 위로하곤 했네

바다에 찾아와
가슴에 켜켜이 쌓인 슬픔을
한 겹 한 겹 벗겨내며
점점 느리게 흐르는 시간 속에서
잊었던 자신을 찾고 대화를 했네

그리고
수평선으로부터 다가오는
그리운 사람을 깊게 포옹하며
회한의 눈물을 흘렸네

바다
강릉바다에서

겨울바다

겨울바다
시린 바람과 함께
밀려오는 파도는
언제나 나를 씻어준다

바람 부는 날엔
파도를 만나기 위해
습관처럼 해변으로 갔다

솔숲에 서서
바다를 바라보노라면
흰 갈기털을 휘날리며
줄지어 달려오는
수천마리의 백마들
아! 그 장쾌함이여

겨울바다에 가면
가슴에 쌓인 답답함은
어느새 사라지고
내 안에 평안이 찾아온다

바닷바람이 차가워도
가슴은 뜨거워진다

12월

12월
벌써 마지막 달
한해의 끝이 다가왔다

설레임은 사라지고
덤덤하게 맞았던 새해가
어느새 다 지나고
반갑지 않은 연말이다

세월이 빠르다는 것을
다시 절감하며
세상을 떠난 이들을 생각한다

죽는다는 것이 두렵지는 않다
아직은 죽지 않을 것 이라는
여유 때문이리라

그러나 살아갈 날이 짧아질수록
안타까운 마음이 커지는 것은
다 이루지 못한 행복
아니 삶에 대한 집착이겠지

한순간도 허비할 수 없다
비록
후회의 조각들로 가득하지만
인생의 소풍을 멈출 수 없다

이루려고 애쓰지 않으리라
남은 생에서 하고 싶은 일들은
슬픔의 흔적들을 지우는 것이다

등명해변의 봄

겨울이 주춤거리며
물러설 즈음이면
등명해변에
새 봄이 파도를 타고 온다

해변으로 가는 철길 건널목에
아지랑이 피어오르고
햇볕에 반짝이는
두 갈래 궤도는 눈이 부시어
오래 바라볼 수 없다

훈훈한 느낌의 해풍에
마음을 적시며
솔숲에 서서 수평선을 바라보면
시간이 멈춘 듯하여
아무런 미련도 없이 평온하다

비뚤어지고 뒤틀린 세상도
비아냥도 삿대질도
내 악한 마음도
모든 것이
밀려온 파도의 포말처럼 사그러진다

새봄에
등명해변에서
나는
갈매기가 되어 날아오른다
세상 부러울 것이 없다

경포해수욕장에서

봄 마실 나가서
경포 해수욕장 백사장에
파도 반기려고 갔더니
십리바위가 날 보고
왜 이제야 왔느냐고 눈을 흘기네

옛날
모터보트타고
머리카락 휘날리며
오리바위 십리바위를 돌고 돌았었는데
그 추억 모두 잊고 있었구나

겨울바다 좋다지만
자동차 타고 지나치며
곁눈질만 했더니
오리바위가 그걸 알았던가 보다

미안하다고
자주 오겠노라고
고개 숙이며 돌아서는데
꼭 다시 오라며
십리바위가 오리바위까지
배웅을 나온다

송정해변을 걸으며

송정해변
이 많은 소나무는 누가 심었을까
감사하는 마음으로
울창한 솔숲을 걷는다

큰 파동을 그리며
들려오는 파도의 노래는
웅장한 오케스트라의 반주에
테너와 베이스의 합창
완벽한 하모니를 이루었다

답답한 도심을 벗어나
해변의 솔숲을 걸으면
마음을 어루만지는
아득한 추억속의 바람소리
비췻빛 바다를 건너
나만의 우주로 떠난다

이유없는 불안
짙어지는 우울감
변동없어 지루한 일상도
행복으로 변화되고

내안의 평화가
당연하게 여겨지는
마법의 송정해변을 걷는다

바닷가 명상

의지 할 사람 없이
세상을 살아왔다
세월이 흘러가도
좀처럼 사라지지 않는
압박감에 시달렸다

좋았던 기억보다는
괴로운 시간이 점철된
순수가 오염된 세월
무미건조하게
쳇바퀴 돌듯 살아온 반평생이다

낭만이라는 이름으로
혼자 떠나는 여행도 서럽고
고기 타는 냄새 속에
한마디라도 더하려고 떠들며
주점에 머무는 것도 싫다

현실에 방관자로 살면서
매사에 냉소적인 내가 슬프다

푸른 바다의 물결을 보며
늦었지만 나를 반성 한다
다른 생각을 하지 않고
명상에 드는 시간이다

헌화로에서

심곡항 앞 바다
헌화로 그 바다는
분노로 끓어오르고 있었다
갈매기들은 숨어들어
어디에도 보이지 않았다

거친 파도는
바위를 때리고
방파제를 넘어와
도로엔 바닷물이 온통 질펀했다

청홍으로 나뉘어
좌우로 갈라진 나라
엉망진창이 되어 가는데도
망연히 수평선에만 눈길 주고
입 다물고 있는 나 때문에
바다는 슬퍼하는 것인가

나 아니어도
누군가 할 것이고
나는 늙었다고 손사래 치면서
심장의 울림마저 억누르고
누구에게도 보여 줄 수 없는
내 안에 엉켜있는 자학의 가시덤불

부끄럽다
고개 돌리는데
바다가 날리는 물방울
내 얼굴을 때린다

무위자연(無爲自然)

누군들
그렇게 살고 싶지 않을까

앙칼진 바닷바람의 손톱에
얼굴을 내 맡기고
거친 파도만 망연히 바라본다

자연의 이치 따라
세상의 원리 따라 살고 싶었지

어디가도
먹고 잘곳 있다면
조금 못났어도 서럽지 않다면
그 억지 박수 받으려고
기를 쓰지 않았을 것이다

세상이 변했는데
어찌 그 시절 같으랴만
선인들의 가르침
바람처럼 살라하네
밀려오는 파도처럼 살라하네

알고도 남지만
괜히 염세주의자 흉내 내며
소주병 나발 불면
세상이 잠시 극락이고
우주와 하나 되는 것을

사진 찍기

언제부터였던가
사진 찍기가 싫어졌다

강릉의 좋은 경치
사진 찍기에 좋은 곳은
많고도 많지만

내 인생의
고단함과 허무함이
얼굴에 고스란히 나타나
사진에 담기는 것이 싫기 때문이다

거울은
때로 거짓을 보여주기도 하는데
사진은 너무나 진실하다
표정에서 몸짓에서
감출 수 없는 흑 역사가
적나라하게 드러나기 때문이다

그리고
주름투성이가 된
얼굴이 보기 싫어서
사진 찍기가 싫어졌다

아름답게 살아가기

내가 사는 세상은
경치 좋은 하슬라
바람 시원한 언덕
수평선이 펼쳐진 해변

비록
지친 몸 이끌고 절룩이며
거친 황야에서
가시밭 길 걸어왔으나
끝내 도달한 이곳은
모든 것이 평화로운 세상이다

여기에
무거운 짐 내려놓고
감추었던 어리석음과
우울한 고백도 낱낱이 풀어 놓으리라

이제
내가 할 일은
머물수록 행복해지는
이 세상에서
아름답게 살아가는 것이다

죽도봉에 올라

봄빛 좋은 강릉항
죽도봉에 올라
동해를 조망하니

동해 명승 경포대와
안인해변에 이르기까지
봄이 깃든 바다는
금빛 윤슬로 반짝이고
내 마음 덩달아 출렁이네

살랑 부는 봄바람 속에 들어
자아를 탐색하니
가만히 떠오르는 삶의 이치
비우고 버리면 가벼워지리라

아름다운 세상
나 여기 머물고 있음이
봄 종달새 같이 행복하다

* 죽도봉 : 강릉항 부근의 작은 동산

가보지 못한 길

세상은 길로 이루어졌다
땅위에도 하늘에도 바다에도
모두 길들이 있다

사람이 사는 것은
저마다 다른 길을 걷는 것이다

꽃길을 걷는 사람이 있고
거친 가시밭길을 걷는 사람
또 힘든 고갯길을 오르거나
수월한 내리막길을 걷는 사람도 있다

저마다 걷는 방식이나
걸음걸이가 달라도
가고자 하는 곳은 달라도
길의 끝은 같다

종착점으로 가는 중에도
한번쯤은
가보지 못한 길을 찾고 싶다
혼자만의 길
오롯이 혼자가 되는 그 길

바람이 분다

바람이 휘파람 불면
월화교를 건널 때
모자를 손으로 잡고
고개를 숙여
얌전하게 걸어야 한다

강릉의 심술바람
사라졌던 하늬바람
대관령 옛길 따라 내려온다

강릉엔
언제나 바람이 분다

바람이 없으면
강릉이 아니다

광야에 서다

희망이 사라진 시절
역한 냄새 진동하는
악인들이 득세하는 세상이다

절망의 시대가 왔다
나는 뉴스를 보지 않게 되었다
채널을 돌리다 보면
눈에 띄는 천박한 인간 군상
아예 텔레비젼도 보지 않았다

오래 기다려야 할 그 기간
그 바람
그 파도 맞으며
눈 감고 귀 막고 지내야 할
너무나 지겨울 그 세월이 두려웠다

의인들은 힘이 없고
백성은 억눌려 주저앉았다

완전히 망하지 않고
이 좌절의 시간이 빨리 지나가길 빌며
죄 없는 죄인이 되어
광야에 망연히 서서
세월을 기다린다

푸르른 날에

하늘도 푸르고
바다도 푸른 날이다
산도 푸르고
그래서 나도 푸르고
세상이 푸르른 날이다

이 좋은 날
바람을 느낄 수 있으니
얼마나 행복한가
아무것도 필요하지 않아

숨 쉬는 것이 축복이리니
감사하면 내가 온유해지고
내안에 밝은 빛이 머무니
스스로 정화 되네
아무것도 필요하지 않네

나 세상에 존재하므로
조그만 손해에 연연하지 않으려네

내가 가질 것
누군가가 가지게 되었다면
그 또한 나쁘지 않으리

제3부

강릉의 향기

경포대의 봄

동쪽에서 부는 바람
양팔 벌려 맞으며
지친 권태를 내려놓고
유유자적
봄 오는 정경을 둘러본다

겨울의 후유증으로
마음이 지쳐 있을 때
시간에 쫓기지 않고
경포대에 올라
푸른 하늘과 비췻빛 바다와
물안개 오르는 호수를 보며
내 마음 한 조각 떼어내
물위에 띄워본다

이렇게 아름다운 곳에서
봄을 맞을 수 있음은 축복이다
꽉 막혔던 가슴을 활짝 열고
일상으로 돌아 갈 수 있음은
강릉에 사는 행복이다

경포호수에 내리는 눈

눈 내리는 날
경포대에 올라 호수를 보네

목화솜 같은 눈송이들이
호수에 떨어지며
잔물결을 타고 한물이 되네

마침
쉴 곳을 찾아
숨어드는 새 한 마리 있어
다정한 눈빛으로
보이지 않을 때 까지 바라보네

경포호수에 내리는 눈은
실패와 좌절
슬픔과 분노
더러운 생각도 씻어주며
추억이 되게 해주네

경포호수에 내리는 눈은
포근하고 아늑해서
평안함을 주네
행복하게 해주네

난설헌 생가에서

초당동 솔숲에서
생각에 잠긴다

난설헌 허초희
슬픈 이름이여

그 시절
여인의 삶이
얼마나 괴로웠을까

총명한 그녀였기에
가슴앓이가 더 심했겠지

암울한 시대의 부조리가
역설적으로
천재시인을 만들어 냈으리라

스물일곱 젊은 나이에
한 많은 세상을 떠난
시인을 생각하면
가슴이 아프다

우리 어머니의 어머니들의
일생이 그러하였으리니

고개 들어
솔숲사이로
파란 하늘을 보며
모두의 천상안식을 빈다

달빛 비치는 강가에서

달빛이
교교히 비추는 강가에 서서
물 따라 흐르는 세월을 보네

강물이 흘러
바다로 가듯이
시간은 흘러
나를 철들게 했네

달빛은
나를 이 강가에 세우고
머리를 채우고 있는 잡념을
강물에 버리라 하네
온힘을 다해 붙잡고 있던
욕심들을 놓으라고 하네

세상사는 것
마음먹기에 따라 달라지고
행복도 불행도
제 생각에서 나온다는 것이
바로 진리가 아닌가

맑은 달빛은
숨겨진 마음속에 스며들어
가려진 슬픔의 잔상을 밝히며
나를 꽃빛으로 물들이네

소금강

소금강
백두대간 중간
오대산 동쪽 기슭에
신선이 머무는 그곳

계곡의 작은 폭포
맑은 물 떨어지는 곳에
신비한 하모니 흐르니
절로 걸음이 멎는다

세속의 번뇌를 덜고
마음 가벼워지는 숲길
아득한 시절 고향 같은
아련함이 스며든다

수려한 풍광 속에서
눈 들어 청학산을 보며
나 시름을 잊고
그리움으로 설렌다

솔숲에서

세상살이
쉽지만은 않다는 것
사람들 모두 느끼리라

삶의 고통은
부자이든 가난한 자이든
권력을 가진 자이든
지배받는 자이든
조금의 차이는 있을지라도
모두에게 배분되는 것이다

살아가며
힘에 부치고 허무해질 때
솔숲에 잠시 머물며
그저 평안해지고자 한다면
어떨까

공허한 마음을
솔 향으로 가득 채우며
천천히 걸으면서
솔숲의 위안을 받는다

꽃눈처럼

좀 더 피어 있었으면
내 곁에 더 머물러 주었으면
얼마나 좋을까
세상의 고운 것들은
너무나 빠르게 지고 떠난다

살살 부는 바람에도
날려 떨어지는 벚꽃 잎이
참으로 아쉬워라
바라보노라니 안타깝다

좋은 사람들은
하나 둘 내 곁을 떠나고
나도 저렇게 떨어질 날이
하루하루 가까워지는 것이니

질 때 지더라도
곱게 깨끗하게
저 꽃눈처럼 떨어지리라

강릉 첫눈 내리는 밤

가슴시린
겨울밤은 깊어가고
강릉에도
그리움처럼
첫눈이 내린다

눈 쌓인 길을 따라서
너에게 가고 싶은
설레는 마음을
바람결에 실어본다

바람으로도
다가갈 수 없다면
첫눈으로
네 위에 내리고 싶다

아름다운 아침

5월의 아침
창문 블라인드를 올리니
영동지방 봄바람 거세다
파도처럼 일렁이는
무성한 계수나무 잎사귀가
내 가슴속에 새 힘을 준다

아름다운 아침
건강하게 기상하여
모닝커피 한잔 들고
창밖에 오고가는
바쁜 사람들을 바라보는
행복한 아침

내게 주어진
이 평범한 하루가
누군가 갈망하는
일상이 아니겠는가

다 가졌다
오월의 아침을 서서 맞는 것
그것만 으로도
하느님의 축복이다
참으로 감사한 아침이다

그리움

그리움은
추억을 타고 오네

아련한 시절
반딧불이 쫓던 밤
달을 보며
떡방아 찧는 토끼를 찾던 때

아무런
근심도 걱정도 없던
천진한 시절
다정히 이름 부르던
그 목소리 그립네

바람이 전해주는 이야기
계절을 지나는 시간에
잠시의 무념도 허용하지 않는
사색의 공간을 떠도는 추억

그리움은
밤하늘의 별처럼
다가갈 수 없고
잡을 수도 없기에
더 그리워지는 것이네

개나리꽃

내가 꽃으로 핀다면
개나리꽃으로 피고 싶다

겨울가고 봄이 올 때
새봄의 전령사로
여기저기 피어나서
말라 비틀어진 감성들에게
노란 꽃불을 지르고 싶다

겨울의 황량한 풍경 속
삭정이 같은 가지에서
노란 꽃을 피워내며
가장 먼저 봄소식을 전하고
희망과 생기를 주고 싶다

귀한 꽃
신들이 기르는 꽃
세상을 환하게 밝히는
개나리꽃으로 피고 싶다

봄눈 1

4월도 중순인데
눈이 내리네

벚꽃은 흐드러지고
개나리 잎이 푸른데
봄눈이 내리네

아직
더러운 곳
덮어야할 치부가 있었는지
눈이 세상을 덮어주네

봄눈 2

우수 경칩 다 지난 시절
매향 분분하던 날
목련도 꽃눈 틔우는 밤에
뜬금없이 폭설이 내리네

지상에 넘쳐나는 더러운 언어와
난무하는 비방과 음모
죄의식 없이 저지르는 거짓선동
끝없는 대립과 폭력으로 오염된 땅
흰 눈이 내려와 하얗게 덮어주네

뒤틀린 이 시대에
아름다움을 모르는 사람들이
말과 행동으로 지은 죄를
씻어주기 위해 내리는
봄눈의 의미를 알리가 없네

그래서
눈이 내리네
우리의 염원위에
소복하게 내려 덮히네

살다보니

물음표 넘치는
세상을 살다보니
사유는 멀어지고
인성은 벼랑으로 구르고
냉소의 내성이 쌓이는 동안

세월은 흘렀다

자르고 또 잘라내도
끊임없이 솟아나는
탐욕의 슬픈 가지들
오르지 못할 것을 알면서도
높은 곳을 바라보는
붉은 눈빛

번뇌만이 끝없다

평온한 세상 살기

세상살이
깊은 산속에서
아니면
멀고먼 작은 섬에서
문명과 담쌓고 살지 않는다면
평온하게 살기 어렵다

넘치는 언론보도
분노를 유발하는 사건 사고들
귀에 거슬리는 말들과
존중할 수 없는 사람들의 행동들
듣지 않고 보지 않고 살 수 없으니
참 평온하게 살 수 없다

세상일에 연연하지 않고
자연만을 벗 삼아
올바른 생각으로 살고 싶은데
참 평온해지기 쉽지 않다

제4부

작은 행복

행복의 조건

아름다운 일에
칭찬을 하는 것은 행복하다

지쳐 힘들어하는 이를
부축하는 일은 행복하다

어려워 보이는 일들
쉼 없이 하는 것 역시 행복하다

의지할 만한 사람이 된다는 것
참 행복한 일이다

큰 기쁨 보다는 잔잔한 하루 속에
작은 만족이 반복되는 것

감사로 시작하여
감사로 마무리하는 행복

소소한 일에도 습관처럼
미소를 짓는 삶이 행복의 조건이다

세월

세월 참 빠르다

겨울이 세월을 갉아먹고는
봄을 불렀나 보다
남녘에선 홍매화 소식이 전해오고
햇살의 따사로움이 봄을 알리네

봄 오는 것
누구인들 반갑지 않은 이 있으랴만
세월 가는 것 아쉬워라

세월 빠르다고 느끼는 것은
지나간 시간이 행복했기 때문일까
고통스러운 시간이었다면
세월이 빨리 가기를 바라지 않았을까
하지만
돌아보면 허망할 뿐이네

시간은 누구에게나
공평하게 주어지는 것
허비하지 말고
의미 있게 늙어가야겠네

하루

좁은 가슴에
무거운 돌덩이가 그득하다

시계 소리마저 숨어버린
정적 속에서
아무것도 움직이지 않는
창백한 시간에
돌덩이 하나를 들어낸다

누구도 들어주지 않는
회색으로 퇴색한 염원들을
끝내 열리지 않을
과거의 사서함으로 보낸다
차마 버릴 수 없는 자존심이다

하지만
투명한 유리관처럼
깊은 곳 까지 보이는 내 생각들
흠을 들춰내려는 사람들의 시선이
사방에서 지켜보고 있지만
숨을 곳이 없다

삶의 무게에 짓눌려
참았던 신음이 새어 나온다
또 누군가를 떠나보낸 뒤에도
위로 없는 삶에 익숙해지는 세월

누가 알아주랴
자학을 곁에 두고
숙명처럼 슬퍼해야만
살아갈 수 있다는 것을

비뚤어지고
뒤틀린 세상에 대한 체념
그저 허물없음을 위안삼고
하루를 살아낸 밤

세상 끝에
또 하루 다가서는 시간
유리창 너머에
검은 하늘이 가득하다

오늘

오늘
또 다른 하루의 시작
어제와 다르게
새로운 생각으로
사랑하며 행복해지리라

만나는 사물마다
다정한 눈길로 보며
밝은 미소로
따뜻한 인사를 전하리라

할 수 있는 것을
최선을 다해서 하고
할 수 없는 것에
연연하지 않으리라

봄에 씨 뿌리고
가을에 거두었으니
겨울에는 쉬리라
순리대로 살리라

이제는
나를 위해 살리라
오늘 이 소중한 하루
행복을 미루지 않고
나누면서 보내리라

행복한 사람

돈 버는 재주 없어
가난하지는 않아도
부족한 것이 많게 산다

큰 부자가 되는 것
정직하게 일해서는 어렵고
나쁜 일을 많이 해야 돈을 번다는
사회적 인식이 옳은 것 같다

높이 오르려는 것
진정 나라를 위해서일까
아니
지독히도 이기적인 사람들
자기를 위해서겠지

많이 가지면
높이 오르면
모두 행복할까
그렇지는 않을 것 같다

자유롭게
행복하게 사는 사람
그래 무소유
구속받지 않는
필요한 것이 없는 나

겨울이 오면

겨울이 오면
따뜻한 사람이고 싶다

몇 사람이라도
나를 생각하면
미소가 지어지는 사람
그런 사람이면 좋겠다

겨울이 오면
거리는 삭막해지고
괜히 쓸쓸해져서
가슴에 찬바람 맴돌지만
그래도 생각하면
온기가 느껴지는 사람이 있으면
마냥 춥기만 한건 아니지

그래서 겨울엔
표정을 밝게 해야 해
온기를 전하기 위해서
마음을 데우고 있어야 해

나는
따스한 사람이고 싶으니까

미끼

미끼에 끌려
낚시 바늘을 삼키는 물고기들
결국 죽게 되지

배가 불러도
먹을 것을 찾아다니는 강아지처럼
많은 재산을 가지고 있어도
돈을 탐하는 인간들

작은 선물만 받아도
마음에 부담이 되는 것인데
아무 가책 없이 뇌물 받아 삼키는 인간
결국 제 삶을 해치는 미끼를 무는 거지

미끼에 속지 않으면
미끼를 물지 않으면
평화롭고 자유롭게 살지
별일 없이 괜찮게 사는거지

사필귀정

세상에는
물론 불가능한 일들이 많겠지

장대처럼 쏟아지는
폭우를 멈춰 수해를 막는 것
강풍에 미쳐 날뛰며
온 산을 불태우는
산불을 금방 잠재우는 것은
불가능 했지

그런데
나라를 어지럽게 하는 사람들을
바른 정신이 들게 하는 것
세상을 희생시키면서
이익만을 생각하는 사람들의
마음을 움직이게 하는 것도
역시 불가능한 것일까

그 역시 쉬운 일은 아니다
가르쳐줘도 말을 듣는 자들이 아니니
하지만
사필귀정이다

그들의
죄는 용서할 수 없고
벌은 받아야 한다
인과응보다

따뜻한 사람

마음이
따뜻한 사람이 있네

그 곁에는
언제나 봄기운이 머물고
주위를 훈훈하게 하네

세상의 냉기로
움추린 사람들에게
온기를 전해주네

찬바람이 거세도
회색의 거리가
모두 문을 닫아걸고
인적이 끊긴 밤에도
그를 생각하면 따뜻해지네

아!
이 추운 날
그 사람 있어
언 마음 녹일 수 있으니
얼마나 감사한가

그 사람
내 마음에 있으니
얼마나 행복한가

잔소리

잔소리
아니 사랑의 멜로디

듣기 싫던 잔소리
그것이 사랑이라는 것은
그 때에도 짐작은 했었지

하지만
귀찮게만 생각했던 걸
이제야 후회 하네

그리운 마음은
언제나 남쪽으로 향하여
먼 하늘로 눈길 보내면
환청인 듯 이명인 듯
들려오는 잔소리

곁에 있을 때는
사랑이라는 것을 모르네
어른이 되고서도 몰랐고
머리카락에 서리 내린 뒤에야
소중함을 알았네

그 사랑이 없었다면
바로 서지 못했을 나
힘들고 지칠 때면
그 소리가 그립네
한번만이라도 듣고 싶네

어른

나이 많이 먹었다고
다 어른일까
누구나 노인은 되어도
어른이 되기는 쉽지 않네

수명이 늘어나 오래 살면서
덩달아 늘어나는 탐욕
죽을 때 까지
움켜쥐고 쌓으려고만 하네

길가에 핀 꽃도
그냥 지나치지 못하고
욕심껏 꺾어 들고 와
집안 화병에 담아놓고
혼자 보며 좋아하네

부자라는 말을 들어도
돈 많다고 자랑 하면서
인색하기 짝이 없는 사람

온화한 미소보다는
언제나 심술궂은 표정
얼굴에 가득하네

어른일까
아니
초라한 늙은이일 뿐이네

독감

독감에 걸렸다
A형 인플루엔자 바이러스가
내 몸에 찾아들었다

예방접종도 착실히 했고
면역력도 자신했었는데
심한 오한이
나를 밤새 괴롭게 했다

나 자신이 얼마나
나약한 존재인지 알려주었다

늘 건강하게 살 것 같았는데
병마는 예고 없이
찾아올 수 있음을 경고했다

작은 전염병에도
밤새 고통스러웠는데
중증 질환에 걸린다면
대수술을 해야 할 병이라면 어떨까

독감은 나에게
그동안 자만했음을 비웃으며
비우고 버리고
날마다 정리하면서
정갈하게 살라고 가르쳐 주었다

시(詩)라는 것에 대하여

어느 때
가슴에 내려앉았던
한 생각이 시가 되고
무섭도록 짙은 어둠이
나중에 문장이 되기도 했더라

그러나
달도 별도
바람도 구름도 우려먹고
사랑타령도 제풀에 넘어지니
궁리궁리해도 시가 없구나

기뻤던 일
슬프던 일
사연은 많고 많지만
모두모두 추스려도
흡족하지 않다

詩라는 것이
어렵고 어려워
누구나 시인일 수 있지만
진짜 시인일 수는 없는가 보다

침묵해야 할 이유

내 말은 흉기였다

내가 던진 흉기에
가슴을 찔려
상처를 입고
흉터가 생긴 사람이 있다

좋지 않은 일을 가정하여
미리 하는 걱정들
나를 향한 불만들이
불평과 한탄이
냉소와 험한 말이 되어
사랑하는 사람을 찔렀다

말로 인해 생긴 상처는
희미해졌다가
또 다른 말에 의해 되살아나니

차라리 침묵해야한다

결국엔 되돌아온 흉기 때문에
내가 다치게 된다는 것을
이제야 알았기 때문이다

철들면 죽는다

앵두나무 우물가에
동네처녀 바람났다는
유행가 가사를 믿어서였을까

앵두가 익을 무렵이면
혹시나 하고
바람난 처녀 찾으려고
동네 어귀를 서성거렸지

그때가 언제여
벌써 50년 전 이야기
참 세월이 빠르긴 빨라

그런데
그 봄바람 아직도 불어
마음은 언제나 청춘이니
바람난 처녀가 늘 아쉬워
그 생각 변함이 없네

그나저나
어쩔 것이여
남자는 철들면 죽는다는데

가을은 갔네

가을은 갔네
어느새 가을이 갔네

가슴에 설렘을 주던
고운 단풍은 어느새 지고
나목(裸木)은 외롭게 섰네

가을은 갔네
내 생의 가을도 가네

가을을 헛되게 보냈다는
자책으로 우울해지는 시간
너그러웠던 마음은 움추러드네

가을은 갔네
짧은 계절은 무심히 지나네

굴곡진 인생길에
애환과 추억을 쌓으며
또 한번 가을이 갔네

말벌주

장수 말벌주
신경통 관절염
남자들 스테미너에 좋다고
소문난 노봉방주

아는 이가
전라도 고흥에서
3리터 고급 유리병에 담아 보내며
3년은 족히 묵혀서 개봉하라 했다

몸에 좋다면 사족을 못 쓰는 남자들
나라고 예외일 수는 없었지
맘 써줘서 고맙다고
전화기 붙잡고 열 번은 절을 했다

신줏단지 모시듯 받들고
3년 세월을 보내고
강릉으로 이사 올 때
이삿짐 쎈터에 불안해서 못 맡기고
내 차에 조심조심 싣고 왔었다

짐 정리도 어지간히 끝나갈 무렵
매트리스를 옮기며
그놈의 술병을 건드려
퍽 소리와 함께 깨지면서
온 방바닥이
유리조각과 술 천지가 되어버렸다

아깝기보다는
치울 일이 아득했다
내 복에 무슨 약술이랴

술에 젖은 말벌 떼가
나를 보고 낄낄거렸다

하긴
말벌은 신경독이 있어서
그 술도 잘못 먹으면 사망이랬다
잘 깨졌다 잘 깨졌어

시(詩)

이른 아침
세수하고 머리도 감고
정갈한 마음으로
책상에 앉아 시를 쓴다

우리 하는 일들이
쉬운 것 어디 있던가
세상에 공짜는 없다

시를 쓰는 것도
어렵고 힘이 들지만
열심히 싯귀를 찾는다

곱고도 아름다운 단어와
모두가 행복해지는 문장들은
선인들이 모두 써버려서
내 시에 쓸 것이 없구나

아
오늘도 허사로다
좋은 시 한편 쓰지 못하고
아쉬운 마음으로
내일을 기약한다

일장춘몽

인생은
한나절 꿈 이련가

언제 이렇게 나이를 먹었을까
지나간 세월이 원망스럽다

눈앞의 일에만 몰두하며
천년이라도 살 것처럼
더 많이 가지려고
더 높이 오르려고 기를 썼지만

빠르게 지나간 세월
뒤돌아보면
세상의 허무함이 모두 내 것이다

이제는 어쩔 수 없다
인생은
일장춘몽이니까

생각

생각을 바꾸면
인생이 달라진다

평생
좁은 소견으로
눈앞의 일만 생각하고
멀리 보지 못해서
작은 것에 전전긍긍
조바심 내며 살아왔다

이제와 돌아보니
신은 공평하다

인생에도 평등법칙이 적용된다
사람에 따라 차이는 있지만
걱정 근심 없는 사람이 어디 있으랴

젊어서는 차이가 있을지라도
늙어지면 모두 평등해진다
돈도 명예도 다 부질없다

좋은 생각
큰마음 가진 이가
행복한 사람일 것이다

사진

엊그제 같은데
오래전에 찍은 사진

지금의 모습과 대비되는
생기 넘치는 표정
행복해 보이는 몸짓이
추억을 불러 온다

그 때는
좋았었지
젊으니 자신 있었고
삶에 지치지도 않았었지

그래도
늘 쫓기듯 살아온 일상에서
저렇게 좋은 순간이 있었구나

시간이 더 지나고 난 뒤에
사진을 보면
그 때로
아름다운 시절로
돌아가고 싶은 마음
더 절실해 지겠지

제5부

산다는 것은

고작 일흔 살

일흔 살이 넘었는데
지금도
어머니가 그립고
아버지도 보고 싶고
어린 양 투정도 부리고 싶다

텔레비젼에서 보이는
좋은 옷과 비싼 전자제품도
갖고 싶어지고

젊은이의 근육질 몸매 부러워
당장 헬스장으로 가고 싶다

돈 많은 사람이 부럽기도 하고
좋은 집에서 살고 싶기도 하다

기타연주도 잘 하고 싶고
섹소폰도 잘 불고 싶다

일흔까지 살기도 어려워
고희라 했다는데
아픈 곳 여기저기 생겨도
마음은 언제나 청춘이네

그래
나는 이해한다
고작 일흔 살 넘었으니

나목(裸木)이 된 사람

하나는 외로워 둘이라지요
그러나 세상을 따라 살기엔
그동안의 노고가 아까워요

거친 세상 살아내며
모진 풍파 견디어
고운 단풍으로 채색했으나

그 고운 잎사귀
한잎 두잎 떨어지고
앙상한 가지만
삭풍에 흔들리는데

자기를 둘러싼
세계와의 단절을 위해
스스로
나목이 된 사람이 있어요

겨울나무

사람 사는 것
나무의 일년살이 같은 것

앙징맞은 새잎 나올 때는
귀여운 갓난아기
연초록 잎새는
어린시절 일게다

울울창창 우거진 녹음은
청년기이고
울긋불긋 고운 단풍은
장년기 일게다

한잎 두잎 떨어져
헐벗은 채로 떨고 있는 나무는
노년기가 아닌가

언제까지나
단풍지절에 머물기를 바라지만
자연의 이치를 거스를 수는 없지
지는 잎사귀를 묶어둘 수 없으니

이제
우리는 겨울나무로
텅 빈 벌판에 서있구나

좋아하는 일의 의미

나의 가을빛은
곱고도 아름다웠다

벌레 먹어 구멍이 난 채로
선연히 붉게 물들은
옻나무 잎사귀처럼
예쁘고 사랑스러운 날 이었다

좋아하는 일을 하게 되면
힘들어도 힘든지 모른다
사랑하는 사람이 있으면
살아가는 것이 행복한 것처럼

노년이 되어서야
일의 의미를 알게 한 가을
세상은 아름답다
그래서 행복하다

정말 일흔일까

나이가 일흔
주름진 얼굴 보면
풍파에 찌들어 보이는 게
나이대로 늙어온 것 같은데
마음은 어찌해서
철부지에 머물러 있을까

그 시간이면
모난 돌도 닳고 닳아
몽돌이 되고도 남는 세월일 터인데
거칠고 각진 내 마음은
깎이지 않는 것 인가보다

나만 그런 것인가
내가 정말 일흔일까

건망증

그리 오래되진 않은 것 같기도 하지만
벌써 오래전에 시작된 것 같기도 하다

연예인들의 이름이나
친하게 지냈던 사람들의
이름이 잘 생각나지 않고
가족들의 전화번호도 기억하기 어렵다

어떤 날은 안경을 쓴 채로
안경을 찾아 집안을 뒤지고
고속도로 휴게소에서 선글라스를 잃어버리고
나중에 쓰고 있다는 것을 알게 된 일도 있었다

웃기는 이야기지만
웃을 수도 없는 이야기다

더럭 겁이 난다
이러다가 치매로 발전하는 것이 아닐까
나중에 집을 못 찾고
아내를 못 알아보는 것은 아닐까

나이 들면서 나타나는 건망증이라지만
나는 서글퍼진다
아닌척해도
늙어간다는 것은 어쩔 수 없기 때문에

철드는 남자

너무 늦지 않았을까
칠십 고개를 넘으면서
문득 떠오른 생각하나

나 먼 길 떠난 뒤에
나 알던 사람들에게
고운 기억으로 남고 싶다는
그런 착한 마음이 생겼다

이미
슬프고도 괴로운 기억으로
가슴에 더께 앉은 내 아내와
술에 취한 모습만
도드라지게 기억할 아이들

사람 사는 게
다 그런 것이라고
그 시절 남자들은
모두 그렇게들 살았다고
스스로 위로하고 있었는데
이제 마음이 헛헛하다

우중산행(雨中山行)

인생길 가다
가을을 만나면
알록달록 곱기만 한
단풍길 있을 것으로 알았지

가을에 들기도 전에
비 내리는 산길을 걸으며
고뇌를 되새기니
쓸쓸하기보다 서러움이 앞선다

이러려고 허덕이며
비틀거리다 숨어 울며
비탈길 굽은 길 올라 왔던가
돌아갈 수 없는 삶의 길
지나온 내 인생이 가엾다

우중산행
비 내리는 산정에서
의지할 곳 없는 심정을
바람에 날려 보낸다

그 겨울의 추억

그 겨울 밤
살얼음 낀 요천은
섬진강만큼이나 넓었다

무슨 일로 출타하는 지
묻지도 따지지도 않고
어머니 옷자락을 틀어쥐고
생떼를 쓰며 따라나서니
어머니는 마지못해
나를 데리고 먼 길을 걸으셨다

겨울 해는 쉬이 넘어가고
어둠이 짙어진 뒤라
집으로 빠르게 돌아가기 위해
어머니는 나를 업고
맨발로 개천 바닥의
미끄러운 돌을 피해 더듬거리며
차디찬 요천수를 건너셨다

고개를 깊이 숙여 보아도
물속이 전혀 보이지 않던
칠흑같이 어두운 그 밤

어머니의 발이 시릴 것은
짐작조차 못하였다
칼로 에이는 고통이었을 것은
한참 세월이 흐르고
내가 나이든 뒤에야 알았다

눈을 감아야
보이는 사람이 있다
평생 새겨온 그 모습

세상의 가련함을 다 가진
내 어머니의 모습이다

한 겨울
찬물에 발을 담구며
칼로 에이는 것 같은
발 시린 고통을 되새기며
어머니를 추억한다

갈매기야

갈매기야
너는 좋겠다
저 푸른 바다 위를
훨훨 날 수 있으니

거친 파도도
아랑곳하지 않고
창공을 거침없이 날아올라
네 맘대로 오고가니 부럽다

너처럼
거슬리는 것 없이
어디로든 훌쩍 떠났다가
다시
돌아오지 않아도 된다면

세상사 접어두고
푸른 섬 하얀 등대를 찾아
훌훌 떠나고 싶다

바람좋은 날에는

바람 좋은 날에는
언덕에 올라보자

고개 들고
가슴을 활짝 열고
하늘을 마셔보자

정해진 곳 없어도
무작정 떠나보자

길보다
집이 좋으면
늙은 것이란다

숲길을 따라
끝없이 걸어보자

바람좋은 날에는
바람 타고서 날아보자

떠나고 싶을 때면

사는 것
시들해져서
아무런 이유 없이
한숨이 나올 때면
어디로 가볼까

푸른 들 가운데 서서
햇빛 속에 있을까
얕게 흐르는
강 언덕을 걸을까
깊은 산속에서
며칠 살아볼까

바람 끝에 매달려
저 바다를 건너서
어느 이름 모를 무인도에서
지겨웠던 사람들을 그려볼까

사는 것 허무해져서
무력해 질 때면
어디라도 갈 곳이 있으면 좋겠다

얼마 지나지 않아도
저절로 지겨워져서
사는 게 행복한 것이라고
고개 끄덕일 그런 곳

나를 찾는 이 있어서 좋고
일 할 곳이 있어서 좋고
멀지만 갈 집이 있어
정말 행복하다고 생각할 곳

아니 아니다
살아 움직일 수 있다는 것
그것 만 으로도
감사하다는 것을 알게 할 그런 곳

어린 날의 추억

강풍주의보 내려진 날
바람이 도시를 흔들고 있다
월화정 난간에 서서
대관령을 망연히 바라본다

열 살 아니면 열한 살 무렵에
뜨거운 어느 여름날
출장소 사는 순이와 단 둘이
냇가로 놀러 갔었다

같이 소꿉장난 하던
그런 사이도 아니었고
집도 가까운 것이 아니었지만
어떻게 같이 놀게 되었는지 기억이 없다
나는 작고 예쁜 그 애가 좋았다

둘이서 헤엄도 치고
물장난도 하고
땅을 기면서 뻗어 나가는 풀 뽑아
줄다리기도 하면서
시간 가는 줄 모르고 놀다
해질 무렵에야 집에 돌아 왔다

다음날
나 보다 훨씬 큰
순이 오빠가 나를 부르더니
자기 동생 데리고 놀았다고
사정없이 때려서 신나게 맞았다

그 일이 있은 한참 뒤에
순이를 만났을 때
자기도 오빠에게 매를 맞았다면서
나를 위로해 주었지만
순이 오빠가 무서워서
같이 놀러 갈 엄두를 내지 못했다

그 여름 끝
큰 비가 내려 우리 집 옆 개천으로
황톳물이 넘실거리며 흐르고
산 아랫마을에서
돼지 한 마리 꽥꽥거리며 떠내려간
그 큰물 진 날 뒤로

순이네가 이사 가는 것을
보지 못하였는데도
다시는 그 애를 볼 수가 없었다

그런데
뜬금없이 순이가 보고 싶어졌다

설산(雪山)에 올라

이 설경을
내 맘속에 영원히
새겨 남기고 싶어라

보이는 것
온통 청결한 눈
흰빛 카펫위에 서있네

능선에 안개처럼
날리는 눈가루 타고
내 맘대로 신선이 되어

하잘 것 없는
세상의 고뇌를
툭툭 털어 날려 보낸다

가난한 마음

겨울 밤
어둠이 장막을 치고

사람들을 갈라 세우면
마음은
또 다시 가난해진다

북적거리는 도심
휘황한 불빛의 거리에서

모두 바쁘게
제 갈길 서두를 뿐
눈길 한번 주는 이 없다

도시의 밤은
황량한 벌판이다

나는
그 벌판 가운데서
혼자되어
배회하고 있다

목련꽃 지는 날

모처럼
봄 기분 나는 날

목련꽃
그늘 아래에
서 있었습니다

인고의 겨울 견디고
꽃샘추위도 참아내며
속살 드러낸
백목련 꽃잎이

벌써
바람에 날려
떨어지는 것을 보니
가슴 한구석이 아려왔습니다

아!
내 목련의 봄날은
또 이렇게
가고 있습니다

나의 낙원

세상의 한 귀퉁이에서
소음을 견뎌야 한다는 것은 괴롭다

적응하기 어려운 좁은 공간에서
작은 화분에 꽃씨하나 심고
새싹 나오기를 기다리며
자주 눈길을 주었다

문득 떠나고 싶을 때가 있다
푸른 섬 언덕에 들꽃들 환하고
하얀 등대 위로 갈매기 날고
맑은 바람 불어오는 곳에
오래 머물고 싶었다

그러나
그것은
이루지 못할 바램 일 뿐

나는
작은 화분에 심은
꽃나무 줄기 자라나면
파란 잔디 언덕 만들고
하얀 등대도 하나 세우고
나만의 낙원을 가꾸리라

미련한 시인

그녀는 산소였다
무늬만 시인인 사람 곁에서
길고 긴 세월동안
산소를 주어 숨 쉬게 했다

덕분에 그는 질식할 걱정 없이
편안하게 호흡하며 살았지만
그녀를 위해
좋은 시 하나 써주지 않았다

그는 미련했다
시인이랍시고
유세를 떨고 무시했지만
그녀는 변함없이 산소를 주었다

그는 소중함을 몰랐다
고마움을 아예 모르고 살았다
그녀는 줄줄만 알았고
받는 것에 무심했다

그는 그녀를 위한
좋은 시 하나 쓰지 않았다

그러나
채움이 비움으로 바뀌며
산소가 부족해졌다
그제서야 그녀를 찾는다

비로소
그녀를 위한 시를 쓰기 시작했다
그는 미련한 시인이었다

행복한 시

행복한 시를 쓰고 싶다

하지만
기쁘고 즐거울 때
행복하기만 할 때는
시가 잘 떠오르지 않는다

슬프고 우울할 때
막막하고 허전할 때
외롭고 슬픈 생각이
시가 되어 나온다

아무리 좋은 시라도
맑고 고와야지
하늘이 무너지는 시는
음습하다

자신을 아름답게 가꿔야만
세상에 밝음을 전하는
행복한 시를 쓸 수 있다

아!
나는
행복한 시를 쓰고 싶다

새로운 출발선에서

행복하였거나
불행하였더라도
우리는 한해를 보내고
또 다시 이 자리에 섰다

어디에서
어떤 모양으로 살든지
우리는 또 다시
새로운 출발선에 있는 것이다

누구라도
가지 않을 수는 없다

나름대로 뛰고 달리며
또 한해를 보내야 하는 것이다